David Ogez

Petit cahier d'exercices d'hypnose

Illustrations : Jean Augagneur

jouvence EDITIONS

PETIT CAHIER
Sport cérébral du bien-être

Dans la même collection PETIT CAHIER

Petit cahier d'exercices pour vivre la compassion, Christine Marsan

Petit cahier d'exercices d'entraînement au bonheur, Yves-Alexandre Thalmann

Petit cahier d'exercices d'art-thérapie pour écouter et soulager les maux du corps + CD, Geneviève Choussy Desloges

Petit cahier d'exercices pour accueillir le divin en soi, Anne Ducrocq

Petit cahier d'exercices de pensée positive 2.0, Yves-Alexandre Thalmann

Petit cahier d'exercices Allez ! Hop ! Debout !, Jean-Louis Muller

Petit cahier d'exercices pour convaincre facilement et dans toutes les situations, Alexandre Borie, Nicolas Dugay & Davy Lefèvre

Petit cahier d'exercices d'écoute profonde de soi, Dr Anne van Stappen

Catalogue gratuit sur simple demande

ÉDITIONS JOUVENCE
France : BP 90107 – 74160 Saint-Julien-en-Genevois Cedex
Suisse : CP 227 – 1225 Chêne-Bourg (Genève)
Mail : info@editions-jouvence.com

ISBN 978-2-88911-806-9

Couverture : Éditions Jouvence
Mise en pages : Frank Pitel [grad-design.fr]
Dessins de couverture et intérieurs : Jean Augagneur

Qu'est-ce que l'hypnose ?

L'hypnose est un phénomène spontané que nous utilisons sans réellement nous en rendre compte. Lorsque nous sommes en voiture, sur un chemin que nous pratiquons régulièrement, il nous arrive de penser à autre chose, d'être ailleurs sans que cela nous empêche de conduire parfaitement notre véhicule.

L'hypnose est donc un phénomène naturel et peut être tant agréable que désagréable. Avez-vous régulièrement des pensées négatives qui se bousculent dans votre tête ? Ces pensées ne vous apportent-elles rien de bon ? Vous empêchent-elles de vivre normalement ? Ces pensées ou ruminations surgissent sans prévenir et encombrent l'esprit tout en laissant peu de place aux pensées agréables.

Il est difficile de se débarrasser des pensées négatives, étant donné qu'elles reviennent sans cesse, parfois même de manière plus envahissante. Elles sont donc source de nervosité voire d'anxiété.

L'hypnose thérapeutique est un moyen de faire taire ces pensées négatives en permettant à votre esprit de se dé-focaliser. Elle constitue un ensemble de techniques qui peuvent être enseignées. De nombreuses écoles à travers le monde forment d'ailleurs chaque jour des experts médecins et psychologues à la pratique de l'hypnose thérapeutique.

Ce livre n'a pas la prétention d'être un manuel de formation en hypnothérapie. Le Petit cahier d'exercices d'hypnose a pour objectif de vous apprendre à mieux comprendre ce qu'est l'hypnose et vous enseigner plusieurs techniques d'auto-hypnose qui vous permettront de régler certaines difficultés par vous-même.

Pas à pas, vous serez amené(e) à expérimenter vos capacités hypnotiques, parce que tout le monde en possède.

Lorsque vous aurez parfaitement compris comment accéder à ces aptitudes, vous serez capable de vous ouvrir à une série de possibilités, et ainsi mieux appréhender vos pensées et les réactions négatives automatiques. Vous serez capable de pratiquer l'auto-hypnose !

Afin de mieux comprendre ce qu'est l'hypnose spontanée,

nous vous proposons de programmer un réveil pour qu'il sonne dans cinq minutes et de fermer les yeux. Pendant ces cinq minutes, ne faites rien ! Que remarquez-vous ?

➙ Il est effectivement impossible de ne rien faire. Lorsque vous vous arrêtez quelques minutes, les pensées surgissent automatiquement. Vous avez peut-être pensé à ce que vous avez fait hier ou ce que vous ferez ce week-end ? Vous étiez en hypnose spontanée.

Chaque exercice suivi du pictogramme suivant est disponible en version audio dans une version plus développée[1]*. Vous pouvez vous reporter en guise d'introduction à la* **Piste 1** *du CD.*

Note

1 - L'auteur remercie Frédérique Lieutenant, psychologue aux cliniques universitaires Saint-Luc, pour sa participation à l'enregistrement.

Un peu d'histoire

L'hypnose est utilisée depuis de nombreuses années dans les soins médicaux et psychologiques. Si au début, Frantz Anton Mesmer, médecin allemand du XVIIIe siècle, parlait de « magnétisme animal », l'hypnose a été développée par l'Écossais James Braid au milieu du XIXe siècle, et était définie comme un sommeil nerveux qui pouvait être induit et utilisé pour obtenir l'anesthésie en chirurgie.

À la fin du XIXe siècle, sous l'influence de Jean-Martin Charcot, le célèbre neurologue français qui menait des études sur l'hystérie, Sigmund Freud, père fondateur de la psychanalyse, s'est intéressé à l'hypnose qui a été à la base de ses conceptions thérapeutiques.

Sigmund Freud

À l'époque, l'hypnose avait surtout pour but de permettre aux souvenirs du patient d'émerger. Ce dernier, alors dans un état modifié de conscience, pouvait raconter son histoire et notamment ce qui avait été refoulé, c'est-à-dire les souvenirs traumatiques qu'il avait oubliés, mais qui continuaient à avoir une action sur son état de santé mentale et sur son comportement. Après avoir levé ce refoulement sous hypnose, les symptômes des patients avaient disparu !

De nos jours, l'hypnose a bien changé. Sous l'influence d'un psychiatre américain, Milton Erickson, l'hypnose est devenue une technique thérapeutique qui agit directement sur les symptômes des patients.

Très créatif, Milton Erickson utilisait habilement l'art de la suggestion hypnotique pour faire disparaître les souffrances des patients et leur permettre une vie meilleure.

L'hypnose ericksonienne est permissive : tout le monde peut être hypnotisé car elle respecte le patient, à l'inverse de l'hypnose autoritaire qui était pratiquée à la fin du XIXe siècle et qui est celle que l'on voit aujourd'hui dans les salles de spectacle..

Qu'est-ce que la suggestion hypnotique ?

**En 1884, Hippolyte Bernheim, un neurologue français, définit la suggestion hypnotique comme étant « un acte par lequel une idée est introduite dans le cerveau et acceptée par lui ».
Milton Erickson apporte une précision à cette définition : « Les suggestions peuvent utiliser les potentiels de chaque patient, mais ne peuvent pas leur imposer quelque chose de totalement nouveau. Dans ce cas, le patient, ou plutôt son inconscient, reste maître de la situation. »**

L'hypnose de spectacle

La majorité des personnes connaissent uniquement l'hypnose de spectacle et l'associent à de la magie alors que ce n'est nullement le cas !

Il s'agit simplement d'une pratique de l'hypnose autoritaire qui ne fonctionne que chez un faible pourcentage de personnes, et qui est plutôt apparentée à des phénomènes de fascination. L'hypnotiseur de spectacle soumet son public à des tests de suggestibilité qui lui facilite la sélection des personnalités les plus influençables. Ensuite, il utilise les techniques de l'hypnose « flash » pour provoquer instantanément une transe et diverses suggestions pour induire chez le cobaye un comportement étrange qui s'apparente parfois aux pathologies que l'on soigne en hypnose thérapeutique.

L'hypnose qui guérit

Si elle peut distraire, l'hypnose peut essentiellement guérir. C'est ce que nous voulons mettre en évidence dans ce livre. **L'hypnose qui guérit, soulage et surtout mobilise les ressources personnelles de la personne.**

Dans ce cas, l'hypnose ne peut pas être considérée comme un pouvoir de l'hypnotiseur sur le patient, mais plutôt comme un outil qui lui permettra d'aider son patient efficacement en lui facilitant l'accès aux nombreuses ressources dont il dispose et dont il n'a pas conscience.

Afin d'évaluer votre sensibilité à la suggestion,

placez vos mains et vos doigts comme sur l'illustration, espacés de 1 cm environ. Fixez votre attention entre vos deux doigts. Imaginez que **vos doigts sont comme deux puissants aimants qui s'attirent de plus en plus.** Dites-vous que lorsqu'ils se toucheront, ils seront collés, soudés. Insistez en répétant plusieurs fois cette phrase dans votre esprit : **« Ces doigts s'attirent comme deux aimants et vont se souder, se coller. »**

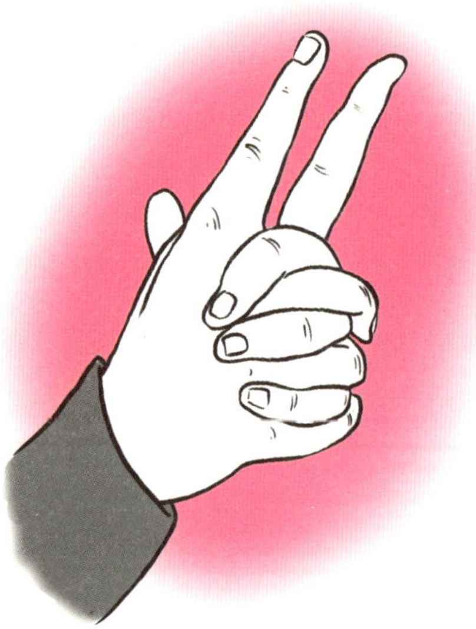

➞ Si vos doigts se sont rapprochés et sont restés collés, c'est que vous êtes sensible à la suggestion. Pour vous, la pratique de l'hypnose sera facile à intégrer. À l'inverse, être moins réceptif signifie simplement que vous êtes moins sensible. Dans votre cas, un peu plus de temps sera nécessaire pour intégrer les différentes techniques d'auto-hypnose. Mais comme vous avez acheté ce livre, vous êtes certainement motivé et donc vous y parviendrez. **La motivation est le moteur de tout changement, même en hypnose.**

C'est scientifique !

Les études le prouvent !

L'hypnose est scientifique et elle est de nos jours largement utilisée dans les hôpitaux, notamment en anesthésie et en psychothérapie. Les études menées au Québec par Pierre Rainville et en Belgique par Marie-Elisabeth Faymonville ont permis de rendre scientifique l'hypnose. Selon ces auteurs, les modifications spécifiques du cortex cingulaire antérieur correspondent à des changements de perception de la douleur sous hypnose.

Les recherches menées par Marie-Elisabeth Faymonville ont également montré que l'hypnose inhibe les aires cérébrales qui sont impliquées dans la perception de l'environnement, tout en activant celles qui interviennent dans la conscience de soi.

La science a donc prouvé que l'hypnose n'était pas de la sorcellerie, mais qu'au contraire, elle était régie par des phénomènes neuro-physiologiques, plusieurs zones du cerveau étant activées durant cet état modifié de conscience.

Cerveau gauche ou cerveau droit ?

Au-delà de ces aspects scientifiques, on compare souvent cerveau gauche et cerveau droit. Le cerveau gauche est associé à la logique, à la pensée analytique. Il régit la pensée linéaire qui est enseignée dans les écoles. À l'inverse, le cerveau droit est basé sur les perceptions, l'intuition, la créativité. La pensée dans ce cas est non linéaire et très rapide.

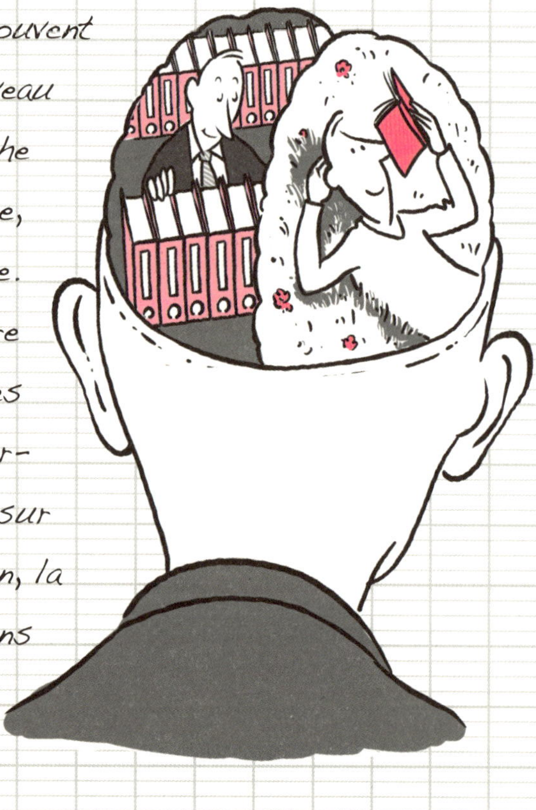

Bon à savoir

En hypnose, le cerveau droit est privilégié par rapport au cerveau gauche. Apprendre l'hypnose, c'est donc privilégier son cerveau droit par rapport à son cerveau gauche. Plutôt que d'être ennuyé par le raisonnement et la logique qui peuvent être source de souffrance et mener à des comportements de rumination anxieuse, il est préférable de mobiliser l'intuition et la créativité qui permettront sans doute à la personne de percevoir ce qui la rendra heureuse, ce qui lui permettra de mieux vivre l'instant présent.

Êtes-vous cerveau gauche ou cerveau droit ?

Nous vous proposons de faire le test selon le modèle de Roger Sperry. Sélectionnez l'adjectif qui vous correspond le mieux !

Subtil	A	B	Rigoureux
Évaluateur	B	A	Sensible
Adaptable	A	B	Précis
Perfectionniste	B	A	Global
Organisé	B	A	Empathique
Créateur	A	B	Conservateur
Artiste	A	B	Gestionnaire
Consciencieux	B	A	Spontané
Provocateur	A	B	Rationnel
Impulsif	A	B	Cohérent
Stratégique	B	A	Persévérant
Minutieux	B	A	Imaginatif
Réactif	A	B	Analytique

➙ Calculez pour découvrir quel cerveau vous êtes. Si vos pourcentages sont équilibrés, c'est que vous mobilisez vos deux parties de votre cerveau.

Pourcentage de cerveau droit :

➙ (Total de A /13) X 100 =

Pourcentage de cerveau gauche :

➙ (Total de B /13) X 100 =

Afin d'encore **mieux comprendre cette distinction cerveau gauche - cerveau droit,** nous vous proposons cet autre exercice. Que voyez-vous sur cette image?

➞ Les personnes qui privilégient le cerveau gauche vont ne voir qu'un visage, soit celui d'une jeune femme, soit celui d'une vieille dame. En revanche, les personnes qui privilégient le cerveau droit ont une perception plus élargie et parviennent à voir les deux visages sur cette illustration !

Si vous êtes cerveau gauche, ne pensez pas que l'hypnose n'est pas pour vous. C'est en pratiquant les exercices d'auto-hypnose que vous parviendrez à développer votre créativité et donc votre cerveau droit. *Les exercices de ce livre ont d'ailleurs comme objectif de vous permettre de développer cette aptitude !*

Les 5 étapes de l'hypnose

L'induction hypnotique

L'induction hypnotique est utilisée pour faciliter l'entrée en état d'hypnose. *Inducere* signifie d'ailleurs étymologiquement conduire à l'intérieur de soi. L'hypnotiseur propose à la personne de focaliser son attention sur une seule perception qui peut être une image, un son, une perception physique (par exemple, la respiration).

En focalisant son attention, la personne sort progressivement de l'état de perception ordinaire pour se recentrer sur elle-même et se détacher de l'environnement extérieur. L'induction est à comparer à ce moment de confusion qui précède l'endormissement. Il existe de très nombreuses techniques d'induction : des longues, des brèves, des directives, des permissives, etc. En hétéro-hypnose, l'induction est faite sur mesure, l'hypnotiseur improvisant cette technique en fonction de la personne qu'il a en face de lui.

C'est à vous !

Regardez durant une minute l'image suivante en fixant attentivement votre attention sur le point central

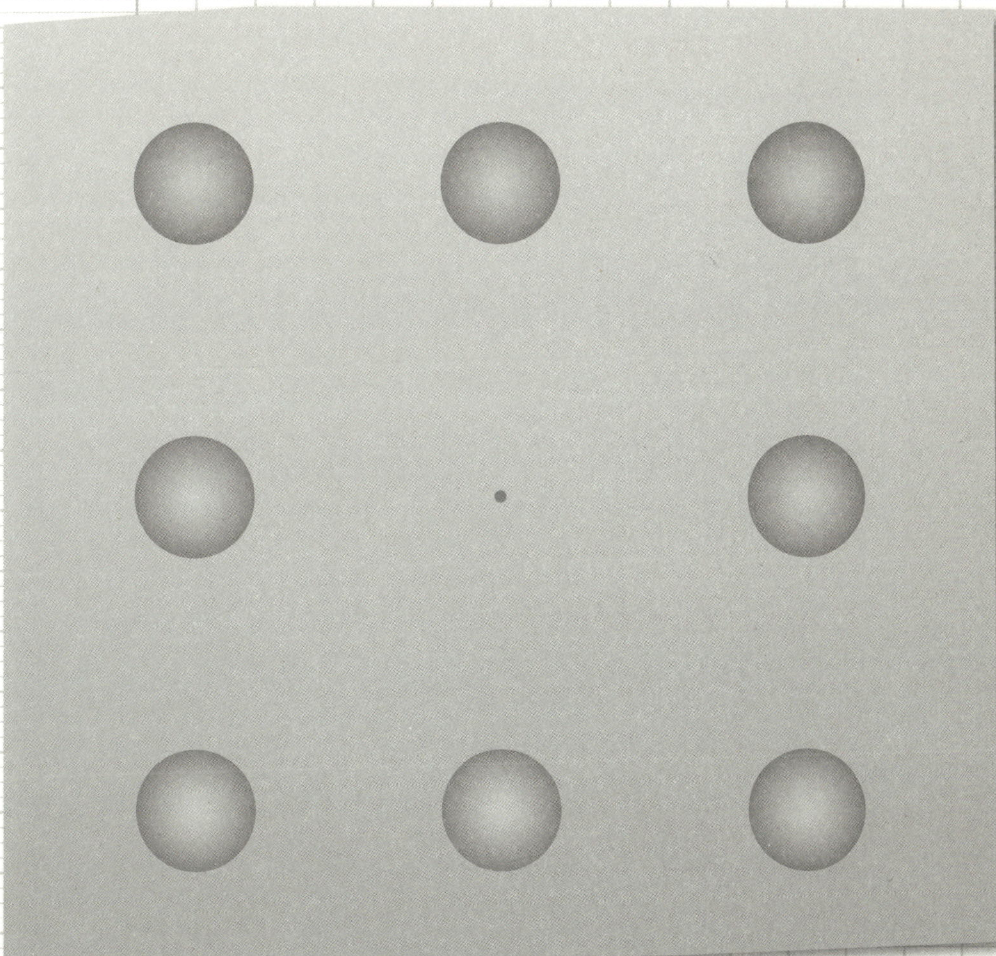

En fixant le point central, plusieurs phénomènes peuvent être observés : les larges balles disparaissent, le point central se dédouble, etc. Une vision tunnel vous empêche de voir ce qu'il y a autour du point.

La focalisation permet d'effacer de son champ de vision ce qui est dérangeant. Par exemple, une personne anxieuse qui focalise son attention sur un point va changer sa perception qui était jusqu'à présent uniquement centrée sur l'objet de son anxiété. Il s'agit d'une induction hypnotique.

L'approfondissement

Il existe trois niveaux d'hypnose : léger, moyen et profond. L'hypnose profonde est essentiellement utilisée pour induire du somnambulisme. En thérapie, les autres niveaux sont privilégiés, car il est important que le patient entende les suggestions du thérapeute, qu'il soit en partie dans le cabinet de consultation et en partie dans son hypnose !

Piste 2 Première technique d'approfondissement de l'hypnose

Afin de faire l'expérience de l'approfondissement en hypnose, nous vous proposons de faire l'exercice suivant.

Fermez les yeux et imaginez que vous êtes dans un grand immeuble, au 10e étage. Regardez autour de vous, voyez ces escaliers à vos pieds. Voyez cette magnifique cage d'escalier vitrée. Tout autour de vous, vous pouvez imaginer le superbe paysage à travers les fenêtres de cette cage d'escalier et surtout la lumière agréable qui traverse ces fenêtres et qui vient vous réchauffer agréablement.

Dès que vous avez parfaitement visualisé cette scène, **imaginez-vous descendre ces escaliers, étage après étage, lentement, à votre rythme.** Imaginez à chaque étage que vous pouvez voir le chiffre qui correspond au palier sur lequel vous vous trouvez : **10, 9, 8, 7, 6, 5, 4, 3, 2, 1, 0.**

Vous êtes arrivé au rez-de-chaussée. À cet endroit, vous vous trouvez sûrement dans un endroit très agréable. Peut-être que vous pouvez à présent encore mieux ressentir la beauté et la chaleur de l'endroit que vous avez pu voir par les fenêtres tout à l'heure. Peut-être que vous ressentez une certaine sensation de bien-être. **Profitez de cet endroit et ne faites rien.**

Avez-vous ressenti de la fatigue semblable à celle que vous percevez lors de l'endormissement ? Approfondir l'hypnose, c'est comme descendre au plus profond de soi-même et quitter progressivement l'endroit dans lequel nous étions.

Le travail thérapeutique

Le travail thérapeutique consiste à effectuer le changement qui a motivé la demande de travail en hypnose. Avant d'atteindre ce que François Roustang, hypnothérapeute français qui a fort influencé l'hypnose actuelle, appelle la perception généralisée, c'est-à-dire la perception que l'on a du problème et de sa solution, il fallait d'abord quitter la perception restreinte, celle-là même qui dérange. Concrètement, le travail thérapeutique consiste à proposer au patient de se visualiser en train de résoudre le problème. *Par exemple, si un patient souffre d'une phobie de l'avion, le thérapeute peut l'inviter à s'imaginer en plein vol, en train de voyager et de même prendre plaisir à ce voyage en avion qui l'emmènera dans un endroit paradisiaque !*

Les suggestions post-hypnotiques

Les suggestions post-hypnotiques sont faites à l'individu au cours d'une séance d'hypnose et prennent effet en état de conscience modifié. Elles sont soumises à l'inconscient de la personne hypnotisée et permettent de programmer une réaction pour qu'elle soit activée après la séance. De cette manière, le travail thérapeutique peut se poursuivre en dehors de la séance, et ainsi modifier le comportement gênant à plus long terme. Les suggestions post-hypnotiques peuvent être également des déclencheurs ou des interrupteurs. Elles permettent par exemple au thérapeute de programmer un signal qui induira chez son patient un sentiment de sécurité à un moment où il sera confronté à une situation stressante.

La sortie de l'hypnose

Une fois l'objectif atteint, la personne hypnotisée peut à présent retrouver la pièce dans laquelle elle se trouvait avant la séance. Le retour doit s'effectuer en douceur. Le matin, il est plus agréable d'émerger doucement de son sommeil plutôt que de sursauter brusquement à cause du réveil qui nous rappelle qu'il est l'heure d'aller travailler ! En hypnose, le réveil est celui du week-end, quand nous pouvons laisser l'état de veille revenir lentement.

Définition de l'hypnose selon François Roustang.

La perception restreinte : la perception que nous avons de notre environnement est restreinte par rapport à la réalité. On ne peut porter attention qu'à un nombre limité d'éléments. Le plus souvent, notre attention porte sur les éléments qui nous dérangent à l'insu de ceux qui sont positifs.

La perception généralisée : il s'agit de la perception qui englobe la totalité des souvenirs et de nos apprentissages. La perception généralisée englobe l'ensemble de nos ressources et conduit également à un nouvel apprentissage qui permettra de faire face à une situation qui dérange.

Fascination / Induction : l'induction est comme un interrupteur qui permet la mise en veille de la perception restreinte au profit de la perception généralisée.

Conseil de lecture : la définition de l'hypnose est à découvrir dans *Qu'est-ce que l'hypnose ?*, de François Roustang.

Qu'est-ce que l'auto-hypnose ?

Si les techniques hypnotiques sont enseignées à des soignants, il est également possible d'en apprendre certaines aux patients pour qu'ils puissent se soigner par eux-mêmes.

L'auto-hypnose est « une technique basée sur la relaxation, destinée à se plonger soi-même dans un état hypnotique, afin de se connecter avec son inconscient[2] ».

Comme le soutient le psychiatre français Jean Godin, l'auto-hypnose ne comporte cependant pas la même intensité ni les mêmes possibilités que l'hétéro-hypnose. Elle est donc surtout utilisée pour renforcer l'autonomie et la créativité du patient. L'utilisation de matériels audio peut aider dans les exercices d'auto-hypnose. Ils sont également utiles pour l'enseignement des techniques hypnotiques et le déploiement des ressources personnelles de l'individu.

Note

2 - O. Lockert, *Hypnose, Évolution, qualité de vie, santé*, IFHE Editions, 2013.

Nous vous proposons d'expérimenter par vous-même les différentes étapes de l'hypnose afin d'acquérir les techniques nécessaires à un travail en auto-hypnose. Cet apprentissage nécessite de l'entraînement et de la maîtrise. Nous allons donc vous guider pas à pas dans ces exercices.

L'induction en auto-hypnose

Tout d'abord, nous vous proposons de faire l'expérience d'une induction en auto-hypnose. Il existe de nombreuses techniques. Nous allons vous en proposer quelques-unes pour que vous puissiez les tester.

La respiration ventrale

Issue des méthodes de relaxation, l'induction respiratoire est un phénomène qui agit à l'intérieur de notre corps et qui donne un sentiment de bercement. La respiration génère une série de vagues à l'intérieur de notre corps qui tendent à procurer ce même sentiment de bercement que notre inconscient connaît depuis notre plus tendre enfance.

Fermez les yeux et respirez profondément. **Respirez par le ventre**, c'est-à-dire gonflez le ventre sur l'inspiration et expirez en rentrant le ventre. Vous pouvez vous exercer à la respiration ventrale pendant 2 à 3 minutes.

➜ Avez-vous constaté une sensation de calme ? Vous venez de prendre conscience qu'il vous est possible d'être bercé(e) par votre propre respiration.

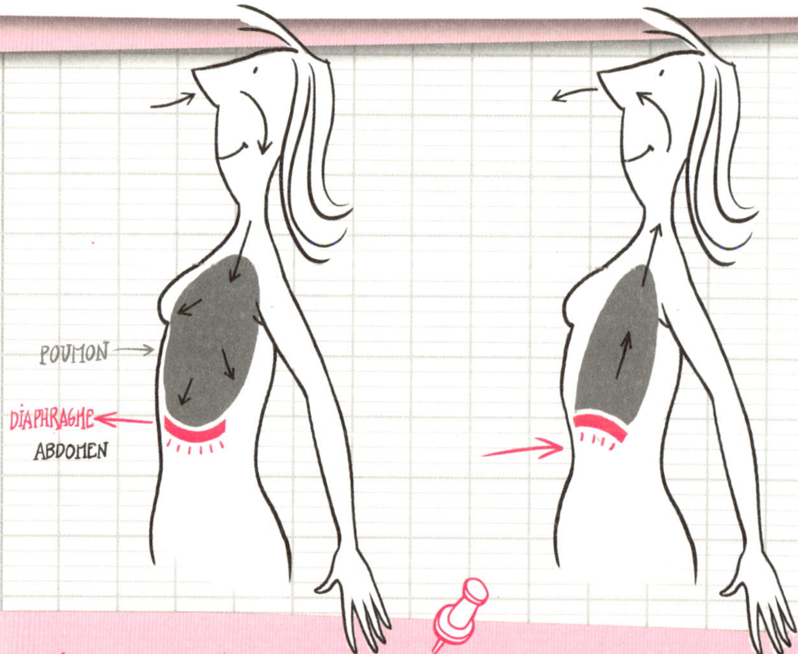

Si vous voulez endormir un enfant, le bercement doit être lent. Nous vous proposons donc de donner un rythme différent à votre respiration ventrale pour induire l'hypnose !

Piste 3
Technique de respiration ventrale

Respirez par le ventre en **comptant dans votre tête jusqu'à 4 durant l'inspiration, et jusqu'à 8 pour l'expiration.** Ceci est un exemple, il n'est pas utile de forcer pour faire de l'hypnose. Vous pouvez compter un peu moins ou voire même beaucoup plus si vous avez une capacité respiratoire plus importante. L'essentiel dans cet exercice est uniquement de donner un rythme plus lent à votre respiration et aussi à votre rythme cardiaque. Essayez pendant quelques minutes cet exercice !

Que se passe-t-il lors de la respiration ventrale ? Tout d'abord, la respiration ventrale permet à nos poumons d'emmagasiner plus d'oxygène du fait que le diaphragme descende plus bas que lors d'une respiration thoracique. Par ailleurs, la respiration en rectangle, constituée d'une expiration double de l'inspiration, permet d'instaurer un sentiment de calme et de quiétude. Cela s'explique par un phénomène physiologique : il existe une quantité plus importante d'oxygène qui circule dans le sang, ce qui ralentit le rythme cardiaque et apporte plus de détente au corps.

L'induction avec focalisation d'un point fixe

Pour induire l'hypnose, nous pouvons également fixer attentivement un point fixe et rendre la vision floue.

Choisissez un point que vous pouvez fixer attentivement, sans cligner les yeux et sans balayer votre vision. Dès que vous **fixerez ce point,** vous aurez sûrement votre **vision qui se trouble, les yeux commenceront à pleurer** ou **à piquer**. Dès que vous sentirez vos yeux commencer à cligner, **laissez-les se fermer…**

La main qui se rapproche du visage

L'induction de la main qui se rapproche du visage associe la fixation d'un point fixe et le phénomène des doigts qui se rapprochent.

Afin d'induire l'hypnose par la **« main qui se rapproche »**, placez-vous comme sur l'illustration ci-dessous. La main se situe à environ 10 cm de votre visage.
À présent, **fixez un point** sur la paume de votre main et **imaginez que cette main et ce front sont comme deux aimants, qu'ils s'attirent de plus en plus.** Répétez cette phrase dans votre tête et dites-vous que lorsque cette main touchera ce front, vous pourrez rentrer en hypnose. Aussi, **lorsque la main touche le front, fermez les yeux et ne faites rien.**

Accepter et focaliser

Nous pouvons également prêter attention à quatre de nos sens afin d'accéder à une perception généralisée en auto-hypnose.

Gardez les yeux ouverts.

Regardez devant vous et nommez à voix haute cinq choses qui se présentent devant vous. À chaque fois, complétez par la phrase suivante « et je l'accepte ». Ainsi : « Je vois le ciel bleu et je l'accepte. »

Après avoir fait cet exercice, faites la même chose avec ce que vous entendez, puis avec les odeurs que vous sentez et enfin avec les sensations de votre corps, respectivement cinq fois également. Après avoir énuméré dans votre tête ces 20 phrases, refaites la même chose, mais 4, puis 3, puis 2, puis 1 fois.

Si vous n'êtes peut-être pas parvenu(e) au bout des 60 phrases, c'est parce que vous êtes entré(e) en auto-hypnose. Accepter ce que nos sens ont à nous proposer à l'instant présent nous inscrit parfaitement à ce moment, et vient nous distraire de nos perceptions restreintes.

Privilégier une technique d'induction

Nous vous proposons à présent de tester les inductions que nous venons de décrire et de vous exercer. Choisissez celle qui vous convient le mieux et développez votre capacité à induire consciemment votre propre hypnose. Dès que vous y parviendrez, continuez à lire ce livre pour aller encore plus loin dans votre apprentissage.

Quelle induction avez-vous privilégiée ?

Décrivez dans l'encadré votre expérience et les sensations que vous avez ressenties durant cet exercice.

....

....

....

....

....

....

....

....

....

....

....

....

....

....

L'approfondissement

Comme nous l'avons déjà décrit, l'approfondissement est une phase importante de la trame hypnotique. Afin d'approfondir l'auto-hypnose, vous pouvez utiliser l'exercice de la cage d'escalier page 21, ou cet autre exercice !

Piste 4
Deuxième technique d'approfondissement de l'hypnose

Fermez les yeux et respirez profondément par le ventre. Essayez d'imaginer qu'à chaque expiration, des bulles de CO_2 s'échappent de vos narines ou de votre bouche. Imaginez que ces bulles s'associent les unes aux autres, et forment comme un ballon très léger, comme une montgolfière. Imaginez à présent qu'au bout de ce ballon, il y a une ficelle et tentez de l'attraper.

Imaginez à présent que **votre expiration fait progressivement monter ce ballon** et attire votre main, votre corps. **Imaginez-vous en train de monter dans le ciel,** attiré(e) par ce ballon. **Vous devenez léger, très léger. Plus vous montez dans le ciel, plus l'air, l'oxygène vient améliorer votre détente.**

Le travail hypnotique

Il est essentiel de bien définir l'objectif que l'on souhaite atteindre.

En pratique

Pour « gérer son stress », le patient peut souhaiter diminuer l'intensité du stress. Avant de vouloir le diminuer, il est utile de le définir.
À quel niveau de stress êtes-vous en ce moment ? À quel niveau de stress souhaitez-vous être ? Proposez de situer le niveau de stress actuel et l'objectif à atteindre sur un thermomètre imaginaire à 10 niveaux (0 étant très relaxé et 10 très stressé).

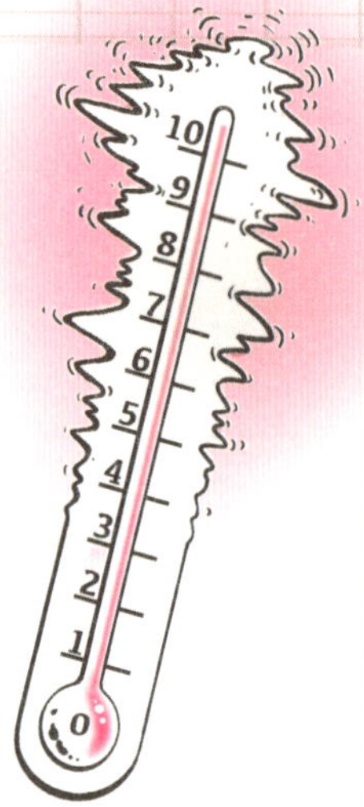

Il est important de définir un objectif SMARTER.

- **S**pécifique : la spécificité de l'objectif doit être clairement définie.
- **M**esurable : il doit être mesurable par des indicateurs bien précis.
- **A**cceptable : il doit reposer sur la motivation de la personne.
- **R**éalisable : il doit être lié à la personne et pas à quelqu'un d'autre.
- **T**emporellement défini.
- **É**valuable : il doit être possible d'évaluer cet objectif, donc rien de subjectif !
- **R**é-évaluable.

Veuillez noter différentes difficultés que vous souhaiteriez améliorer avec l'hypnose. **Il est important de définir un objectif SMARTER.**
À chaque difficulté, notez un chiffre qui correspond au degré d'importance de votre problème :
0 = absence du problème et 10 = problème très important.

Notez votre objectif	Degré d'importance

Après avoir défini votre objectif, vous pouvez, durant le travail hypnotique, imaginer le problème résolu. Pour parfaitement visualiser la situation, n'oubliez pas d'utiliser votre créativité.

Il est ensuite utile d'évaluer l'efficacité du travail. En vous basant sur votre subjectivité, vous pouvez ressentir parfaitement l'amélioration du problème et l'objectiver par l'intermédiaire d'un thermomètre imaginaire.

Vous pouvez noter dans le tableau les différentes difficultés que vous avez essayé d'améliorer avec l'hypnose. À chaque difficulté, notez un chiffre qui correspond au degré d'importance de votre problème après l'exercice d'auto-hypnose,
0 = absence du problème et 10 = problème très important.

Notez votre objectif	Degré d'importance

Expérimenter l'hypnose

Vous avez à présent acquis les bases requises pour pratiquer l'auto-hypnose. Si vous avez intégré les étapes de la trame de l'auto-hypnose, vous êtes fin prêt(e) à vous exercer. À travers différents exercices, nous vous proposons de poursuivre votre apprentissage.

Relation entre la tête et le corps

Afin de comprendre ce qu'est la souffrance physique ou émotionnelle en des termes hypnotiques, nous devons nous référer à des conceptions philosophiques selon lesquelles la tête et le corps sont séparés. Faut-il croire que la tête a le contrôle et le corps ne fait que subir ? Pourquoi devrions-nous séparer ces deux entités ? L'objectif de l'hypnose est en fait de réassocier et de réconcilier le corps et l'esprit.

Imaginez un instant que le corps est comme un bébé. Alors qu'il n'a pas encore acquis le langage, lorsque le bébé veut nous faire passer un message, il se met à pleurer. Si le parent ne réagit pas assez rapidement, le bébé va augmenter l'intensité de ses pleurs, parfois même crier tellement fort que le parent ne peut que réagir.

Il en est de même pour la douleur. Lorsque la tête ne porte pas assez attention au corps, ce dernier va produire des symptômes. Et c'est parce que la tête est trop préoccupée à ruminer et qu'elle continue à nier les appels du corps que ce dernier va intensifier les symptômes jusqu'au moment où ils deviennent intolérables. La souffrance psychologique est aussi à considérer comme une douleur ; elle s'exprime par des symptômes corporels dans la majorité des cas. Quand vous êtes stressé(e), que se passe-t-il ? Votre coeur s'accélère, votre respiration est coupée, vos muscles sont tendus, vous avez mal au ventre.

Ressentez-vous une sensation désagréable en ce moment ? Si c'est le cas, fermez les yeux et prêtez une attention particulière à la partie du corps qui exprime cette difficulté. Ensuite, attendez que la sensation s'atténue, sans rien faire !

Cet exercice n'est pas facile à exécuter. Avec une pratique régulière, vous parviendrez plus aisément à ressentir votre corps et régler le problème sans rien faire ! Pour vous aider dans ces exercices, nous vous proposerons quelques techniques qui renvoient à cette dynamique tête-corps.

Ne pas penser

Une personne anxieuse présente habituellement un comportement de rumination dont elle souhaite se débarrasser. Est-il cependant possible de diminuer nos pensées négatives ? Est-il possible de ne pas penser ?

Procurez-vous un réveil
et faites-le sonner dans 5 minutes. Durant ce temps, **fermez les yeux et ne pensez à rien.**

Il est en fait impossible de ne pas penser. Notre cerveau continue à travailler, même lorsque nous exigeons de lui qu'il cesse de le faire. Il fonctionne comme un ordinateur : même en veille, il continue à travailler.

Les patients qui présentent une symptomatologie anxieuse fonctionnent tout particulièrement de cette manière. Lorsqu'ils essaient de ne pas penser, l'objet de leur anxiété surgit de manière incontrôlable.

L'éléphant rose

Préparez un réveil pour qu'il sonne dans 5 minutes et fermez les yeux. À présent, **vous ne pensez à rien et surtout pas à un éléphant rose.**

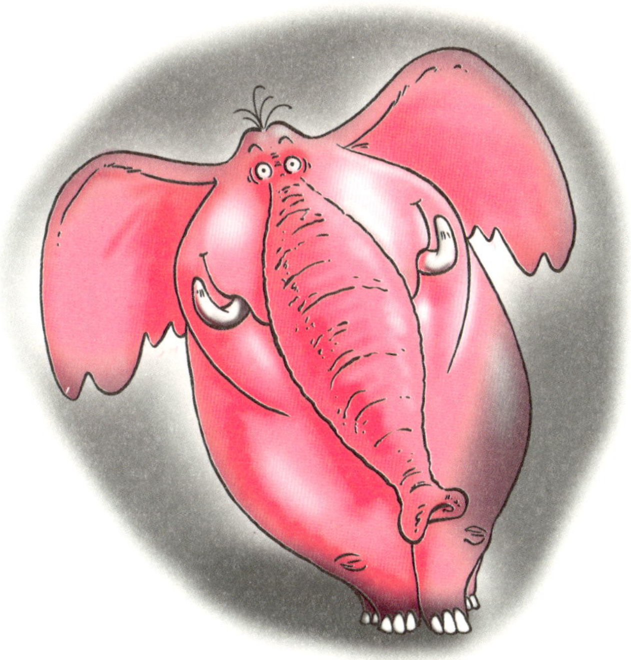

→ ***À savoir ! :*** La plupart des personnes voient l'éléphant rose. Le phobique qui ne souhaite pas penser à l'objet de son anxiété, comme pour l'éléphant, ne pense en réalité qu'à cet objet !

Porter son attention au corps

Il est impossible de ne pas penser comme vous venez de l'expérimenter ! En hypnose, nous pratiquons la distraction afin de permettre à la personne de ne pas penser à l'objet de sa souffrance. Afin de vous distraire de vos pensées, concentrez-vous simplement sur votre corps !

Fermez les yeux et prêtez attention aux battements de votre cœur pendant quelques minutes.

Habituellement, nous ne faisons pas attention aux battements de notre coeur. Il bat sans notre contrôle conscient ! Lorsque nous portons attention aux battements de notre coeur, ils semblent être plus forts. Dans ce cas, vous êtes simplement plus attentif au battement de votre coeur et vous vous isolez des bruits

extérieurs. Par ailleurs, les personnes qui se focalisent sur leur corps ne pensent pas.

Nous vous proposons à présent de faire votre première expérience d'hypnose en observant tout simplement le fonctionnement de votre corps.

Piste 5
Focaliser sur son corps

Fermez les yeux et respirez par le ventre comme vous l'avez déjà fait auparavant. Une fois suffisamment détendu(e) par cette induction respiratoire, **recherchez simplement la partie de votre corps qui semble être la plus détendue.** Lorsque vous l'avez trouvée, observez d'abord cette détente ; puis observez ensuite son déplacement dans le corps, jusqu'à ce que ce dernier soit complètement relâché, agréablement.

Réconcilier le corps et l'esprit, ce n'est pas laisser l'un avoir du pouvoir sur l'autre, mais retrouver un équilibre... comme dans un couple ! Réconciliez-vous avec votre corps, et de cette manière, vous mobiliserez les ressources qui vous permettront d'atteindre votre objectif.

Ne rien faire

Pour cet autre exercice, nous vous proposons d'expérimenter le NE RIEN FAIRE !

Piste 6

Ne rien faire

Programmez un réveil sur 10 minutes. Ensuite, fermez les yeux et allez vous promener intérieurement où vous le désirez. **Ne faites rien...** Il n'est pas nécessaire de faire un effort pour vous détendre, vous relâcher.

En ne faisant rien, vous prenez conscience des économies d'énergie réalisées en ne cherchant pas à vous détendre ou à vous relaxer. Si vous ressentez quelque chose dans votre corps qui ne vous convient pas... **ne faites rien.** Vous ne faites rien d'autre que les identifier... mais surtout **ne faites rien** pour les éliminer. C'est un peu comme lorsque vous dormez. En dormant, vous accumulez de l'énergie qui sera disponible quand vous en aurez besoin. C'est aussi pour cette raison que vous pouvez **ne rien faire** alors que vos sens continuent de vous fournir des informations sur votre environnement. Les sons, les odeurs, le sens du toucher, le goût peut-être... Vous remarquez que même lorsque vous ne faites rien, vos sens vous donnent des informations.

➞ **Conseil de lecture** : afin de mieux comprendre le « ne rien faire », nous conseillons de consulter les œuvres de Gaston Brosseau[3] qui est hypnothérapeute au Québec.

Note

3 - Voir son site Internet, http://www.gastonbrosseau.com

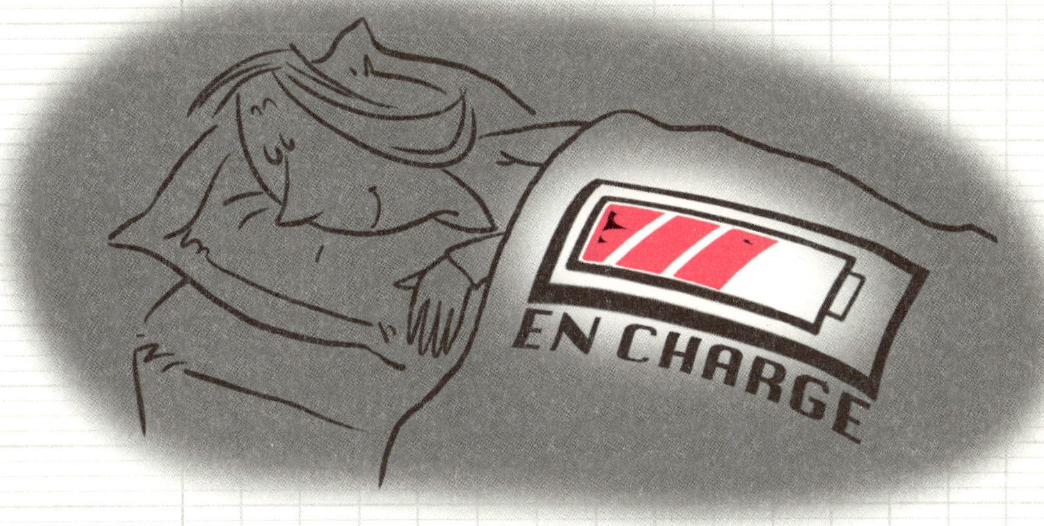

Penser à quelque chose d'agréable

L'endroit agréable ou de sécurité est très utilisé dans l'accompagnement hypnotique. Nous pouvons laisser notre esprit vagabonder dans un lieu agréable. Lorsqu'il imagine cet endroit, l'individu est détendu et se sent en sécurité.

Il lui est alors possible d'entreprendre un travail thérapeutique qui facilitera l'atteinte de l'objectif.

Piste 7
Découvrir son endroit sécure

Ne faites rien. Vous pouvez laisser venir à votre esprit des images, des souvenirs d'un moment/endroit agréable. Il ne faut surtout pas essayer de vous souvenir. Il faut juste **laisser cette image venir à votre esprit...** un peu comme si vous feuilletiez les pages d'un album photo et que soudain, une image vous interpelle, attire votre regard. Dès que vous avez cette image à votre esprit, notez l'endroit que vous venez de découvrir et/ou dessinez-le. Il s'agit de votre place de sécurité.

Après avoir découvert cet endroit, il est utile que vous y soyez encore plus présent(e).

Être en hypnose consiste surtout à vivre la situation comme si vous y étiez.

Lorsque vous regardez un film triste, vous pouvez ressentir de la tristesse, des larmes peuvent même se mettre à couler. Dans ce cas, vous êtes en train de vivre la scène qui se passe à la télévision, vous êtes hypnotisé(e) par votre téléviseur qui, soit dit en passant, est un excellent hypnotiseur. Il suffit de regarder les enfants qui visionnent leurs dessins animés !

Nous vous proposons de mobiliser vos sens en faisant l'exercice suivant.

Piste 8
Vivre des sensations dans son endroit sécure

Retournez dans cet endroit agréable. Dès que vous y êtes, faites un tour sur vous-même et regardez ce qu'il y a à **regarder…** à droite, à gauche, devant, derrière. Visitez cet endroit avec votre vision.
Nous pouvons également **découvrir un endroit par les sons.** Soyez attentif aux sons, à la musicalité de l'endroit. Peut-être y êtes-vous seul(e) ? Écoutez le silence. Peut-être y êtes-vous accompagné(e) ? Écoutez ce que les personnes vous disent… d'agréable.
Nous pouvons aussi **visiter un endroit par les odeurs.** Sentez ce qu'il y a à sentir. Respirez les parfums de cet endroit agréable… ou autre chose.
Vous pouvez également **ressentir cet endroit.** Peut-être ce lieu est-il plus frais, peut-être plus chaud… certainement plus agréable.
Dites-vous que plus vous êtes dans cet endroit, moins vous entendez, sentez et/ou ressentez la pièce dans laquelle vous êtes. Regardez cet endroit avec les yeux de votre esprit !

Vous avez à présent fait l'expérience de la place de sécurité, celle-ci ayant sûrement mobilisé vos différents sens. C'est ce que l'on appelle le VAKOG.

Le VAKOG

Le VAKOG désigne les cinq sens (visuel, auditif, kinesthésique, olfactif et gustatif) qui nous permettent d'entrer en relation avec notre environnement. Ce concept est utilisé par la Programmation neuro-linguistique (PNL) qui stipule que chaque individu favoriserait un ou deux de ses sens plutôt que les autres. En hypnose, nous utilisons également ce concept pour permettre d'être plus présent dans la scène qui a été suggérée.

C'est pour cette raison que lorsque vous êtes dans cet endroit de sécurité, nous proposons de sensibiliser les cinq sens, dans la mesure du possible. Afin d'être plus présent(e) dans votre endroit agréable, il est utile de voir ce qui est autour de vous, d'entendre l'ambiance sonore de l'endroit, sentir les odeurs, ressentir la température et, si l'occasion le permet, de goûter les saveurs de ce que vous êtes en train de manger. Plus vos sens sont sensibles à l'endroit, plus vous êtes dans l'endroit ! À l'instar des théories de la PNL, il est aussi possible qu'un sens soit plus privilégié selon vos affinités. Par exemple, un musicien sera plus sensible à l'auditif ; un photographe, aux détails des images qu'il perçoit.

Quel sens privilégiez-vous ?

1. Vous faites la connaissance d'une personne pour la première fois. Que retenez-vous de cette personne en premier ?

a. La manière dont elle est habillée.
b. Le son de sa voix et ce qu'elle vous a dit.
c. Le sentiment d'avoir eu un bon contact avec elle.

2. Quelle activité préférez-vous ?

a. Lire un livre.
b. Écouter de la musique.
c. Dessiner.

3. Pensez à un poussin. Qu'est-ce qui vous vient à l'esprit ?

a. Sa couleur.
b. Son piaillement.
c. Sa douceur.

4. Quand retenez-vous plus facilement par cœur ?

a. Lorsque vous lisez.
b. Lorsque vous entendez une chanson.
c. Lorsque vous apprenez des pas de danse ou des mouvements de sport.

5. Si vous devez penser aux vagues, qu'est-ce qui vous vient à l'esprit ?

a. La mer bleue.
b. Le son des vagues.
c. La douceur de l'eau sur votre corps.

6. Que dites-vous le plus souvent ?

a. « Je vois ce que vous voulez dire. »
b. « J'entends ce que vous me dites. »
c. « Je sens que vous avez raison. »

7. Imaginez-vous lors d'une soirée entre amis. Qu'est-ce qui vous vient à l'esprit ?

a. Vous voyez la soirée comme à la télévision.
b. Vous entendez les discussions lors de cette soirée.
c. Vous ressentez la détente et le plaisir d'être à cette soirée.

8. Qu'est-ce qui est important pour vous, dans une chambre à coucher ?

a. La décoration.
b. Le calme.
c. Le confort.

9. Quand on vous raconte une histoire, que se passe-t-il ?

a. Vous imaginez l'histoire comme un film.
b. Vous appréciez qu'on vous la raconte avec des changements de voix.
c. Vous ressentez les émotions et vous vous mettez à la place du personnage principal.

10. Imaginez-vous lors d'un séjour à la mer. Qu'est-ce qui vous vient à l'esprit ?

a. Le paysage.
b. Le cri des mouettes.
c. La chaleur du sable et/ou la fraîcheur de l'eau.

Une majorité de a = vous êtes un visuel. Afin de retenir quelque chose, vous devez la visualiser comme dans un film ou dessiner un schéma.
Une majorité de b = vous êtes un auditif. Lorsque vous apprenez quelque chose, vous devez le lire à voix haute ou le faire lire par quelqu'un.
Une majorité de c = vous êtes kinesthésique. Vous avez besoin de bouger, de dessiner, de mettre votre corps en mouvement pour retenir quelque chose.
Autant de a, b et c = vous êtes équilibré au niveau de vos sensations.

Vérifiez le résultat de votre test sur le VAKOG en notant ci-dessous quels sont les sens qui ont été le plus sensibilisés lors de l'exercice de l'endroit de sécurité.

....

....

....

....

....

Les phénomènes hypnotiques

En hypnose, il est possible de mobiliser de nombreux phénomènes afin de traiter la souffrance du patient. Ces phénomènes sont également utilisés pour renforcer l'hypnose dans la mesure où ils permettent à la personne hypnotisée de se rendre compte du lâcher-prise que permet l'exercice hypnotique. Ci-dessous, nous allons décrire les principaux phénomènes hypnotiques.

➞ **La catalepsie** consiste en une rigidité musculaire et **la lévitation,** un sentiment de légèreté d'un membre. Ces deux réactions sont purement corporelles et soutiennent l'autonomie du corps par rapport à la conscience. En hypnose, il est possible de paralyser un membre en vue d'une chirurgie, ou de le rendre léger afin d'attirer l'attention du patient sur un relâchement musculaire. Ces phénomènes peuvent être parfaitement intégrés aux thérapies.

La distorsion du temps est une modification spontanée ou provoquée de la perception subjective de l'écoulement du temps. Elle peut être utilisée afin de faire voyager l'individu dans son passé sous hypnose. Dans ce cas, il est aussi possible d'amnésier (faire oublier) ou de permettre une hypermnésie (faciliter le souvenir) de moments vécus par le patient.

Le signaling est une technique de calibration de communication inconsciente. Il est possible de discuter avec la personne hypnotisée en permettant à un doigt de se lever seul comme réponse à une question de l'hypnotiseur.

➙ Les hallucinations

sont des distorsions de la réalité perçues par un ou tous les sens. En mobilisant le VAKOG, nous pouvons faciliter ces hallucinations et permettre à la personne de vivre intensément la situation hypnotique. Les patients vivent ces hallucinations en hypnose thérapeutique comme s'ils étaient en train de rêver.

Piste 9

Afin de faire cet exercice en auto-hypnose, prenez votre temps.

Un phénomène hypnotique ne se produit pas en quelques secondes. Un certain temps est nécessaire. De plus, au début, ce phénomène sera léger. Il vous faudra de l'exercice pour qu'il soit plus important. Nous vous proposons de tester une lévitation de la main.

Fermez les yeux et respirez profondément par le ventre. Après quelques respirations profondes, recherchez parmi vos deux mains celle qui est la plus légère. Une fois concentré(e) sur cette main, **imaginez-la légère.** Un peu comme si **cette main était une montgolfière** et que, progressivement, elle se remplissait de gaz et commençait à se soulever.

Recherchez la légèreté. La légèreté d'un doigt pour commencer. Peut-être le pouce, peut-être l'index, ou un autre doigt ! **Ressentez ce doigt très léger.** Ressentez ce doigt qui commence à bouger. Portez votre attention sur ce doigt qui progressivement se soulève et qui progressivement attire le reste de la main. **Vous allez peut-être ressentir votre poignet se soulever,** peu à peu... puis le reste du bras ! Ainsi, cette main se soulève... cette montgolfière monte.

**Ainsi, cette main se soulève...
cette montgolfière monte.**

Le lâcher-prise

Une personne anxieuse ne parvient pas à contrôler l'origine de son anxiété ou ses émotions. C'est pour cette raison qu'en hypnose, nous proposons de ne rien faire. En pratiquant régulièrement l'hypnose, vous allez constater que vous êtes capable de lâcher prise.

Testez le lâcher-prise

Prenez un stylo et tenez-le du bout des doigts comme sur l'illustration suivante. Tendez votre bras et fermez les yeux. Une fois que vous avez pris cette position, imaginez que **vous souhaitez vous débarrasser de tous vos problèmes,** ces derniers étant matérialisés par le stylo.
Sans le faire consciemment, **laissez au fur et à mesure ce stylo glisser de vos doigts et lâcher prise !**

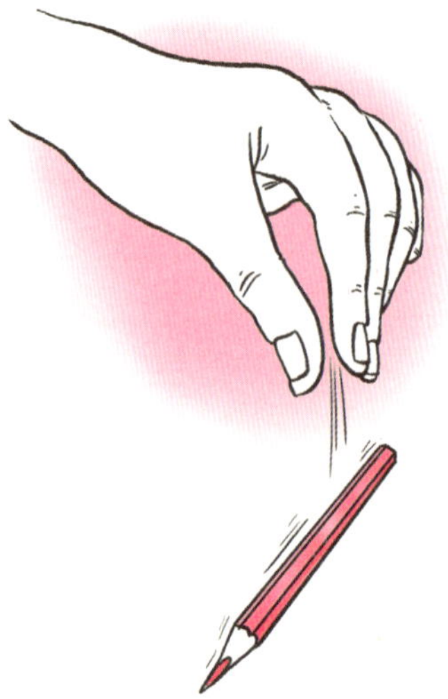

➡ Avec de l'exercice, vous laisserez glisser plus rapidement ce stylo et serez moins influencé(e) par vos émotions négatives. En parvenant au lâcher-prise, vous arriverez à ne plus vous accrocher à vos difficultés, celles-ci glisseront et vous pourrez mieux vivre l'instant présent !

En auto-hypnose, vous pouvez retrouver de la globalité et de l'équilibre. Cet exercice complète l'exercice précédent et facilite le lâcher-prise.

Piste 10
Tester le lâcher-prise

Fermez les yeux et respirez profondément comme vous savez à présent le faire. Après cette induction rapide, vous pouvez vous imaginer physiquement comme vous êtes.
Imaginez-vous un peu comme un couteau suisse multi-fonctions. C'est-à-dire que chaque partie de votre corps, dans la perception que vous avez à présent de vous-même, représente chaque fonction, chaque tâche que vous devez mener chaque jour. Vous savez, ces mêmes tâches qui font de vous quelqu'un qui doit continuellement se disperser. Dès que vous parvenez à **vous représenter votre corps divisé,** comme ce couteau suisse, vous pouvez à présent ressentir ce manque d'harmonie, ce manque d'équilibre.

Dites-vous que vous pouvez retrouver cette harmonie, cette globalité. **Laissez ces différentes parties de votre corps se RECOLLER, se RE-ASSOCIER. Sans rien faire, juste laissez faire.** Cela peut se faire lentement ou très vite. Cela n'a aucune importance. Lorsque vous constatez que **les parties de votre corps sont parfaitement recollées,** que **vous avez retrouvé votre globalité et de l'harmonie,** l'exercice sera terminé, vous pourrez alors ouvrir les yeux !

Les suggestions post-hypnotiques permettent d'activer les suggestions de changement après la séance d'hypnose. Il est dès lors possible de réactiver une sensation de bien-être grâce à l'utilisation d'un « **interrupteur** ».

En auto-hypnose, vous pouvez également réactiver une relaxation que vous avez découverte par exemple dans votre endroit agréable.

Piste 11
Les suggestions post-hypnotiques

Fermez les yeux et allez dans votre endroit de sécurité. Pour l'atteindre à nouveau, suivez les différentes étapes que nous avons déjà décrites précédemment.

Dès que vous y êtes, après avoir sensibilisé vos différents sens (VAKOG), choisissez un geste, une phrase selon que vous soyez respectivement plus kinesthésique ou plus auditif. Dès que vous avez choisi un geste ou une phrase courte (voire un mot), vous pouvez répéter au minimum trois à quatre fois dans votre tête : **« La prochaine fois que je ferai ce geste (ou je dirai ce mot), ce sera un signal pour mon inconscient afin de retrouver plus vite cet endroit agréable et l'harmonie. »**

Cet exercice peut être répété à chaque fin d'exercice d'auto-hypnose afin d'associer ce geste ou cette phrase à l'endroit agréable et à l'harmonie. Il est utile de connecter l'interrupteur à la source du bien-être !

→ À l'aide de cet interrupteur hypnotique, vous parviendrez la prochaine fois à réactiver une sensation de bien-être lorsque celle-ci sera nécessaire. Par exemple, avant un examen, il vous suffira de faire ce geste ou de répéter plusieurs fois cette phrase pour progressivement retrouver cette sensation de bien-être. Cette technique peut être efficace à condition de bien l'enregistrer dans votre inconscient et de répéter régulièrement cet exercice qui met en relation l'interrupteur et le bien-être.

Conclusion : exercez-vous régulièrement

Piste 12
En guise de conclusion audio.

Vous êtes à présent familiarisé(e) avec l'outil hypnotique. Cet apprentissage n'est cependant que le début d'un long parcours.

Il est essentiel de vous entraîner. Apprendre à faire du jogging ne fait pas de vous un marathonien. Pour parvenir à faire un marathon, il est important de s'entraîner régulièrement.

La pratique quotidienne d'exercices d'auto-hypnose vous permettra donc de développer vos aptitudes, *comme pour notre coureur qui s'entraîne. Après un bon entraînement, vous serez capable de pratiquer l'auto-hypnose qui vous aidera à surmonter certaines de vos difficultés.*

Profitez donc de l'instant présent, modifiez vos perceptions et sensibilisez-vous à chaque réaction de détente de votre corps.

Il n'est pas nécessaire de forcer votre corps à fonctionner comme bon vous semble, mais plutôt de le laisser vous guider et solutionner votre problème sans rien faire. À partir d'aujourd'hui, faites confiance à votre corps, il est plein de ressources !

➜ Programmez dès maintenant, durant vos semaines, certains moments d'auto-hypnose. Quelques minutes d'entraînement suffisent pour pouvoir développer cette aptitude. Dans l'agenda page suivante, **réservez certains moments pour ne rien faire !**

Lundi	Mardi	Mercredi	Jeudi	Vendredi	Samedi	Dimanche
8h	8h	8h	8h	8h	8h	8h
9h	9h	9h	9h	9h	9h	9h
10h	10h	10h	10h	10h	10h	10h
11h	11h	11h	11h	11h	11h	11h
12h	12h	12h	12h	12h	12h	12h
13h	13h	13h	13h	13h	13h	13h
14h	14h	14h	14h	14h	14h	14h
15h	15h	15h	15h	15h	15h	15h
16h	16h	16h	16h	16h	16h	16h
17h	17h	17h	17h	17h	17h	17h
18h	18h	18h	18h	18h	18h	18h
19h	19h	19h	19h	19h	19h	19h
20h	20h	20h	20h	20h	20h	20h
21h	21h	21h	21h	21h	21h	21h
22h	22h	22h	22h	22h	22h	22h
23h	23h	23h	23h	23h	23h	23h

Références

Jean-Marc Benhaiem, *L'hypnose qui soigne*, Josette Lyon, 2006.

Gaston Brosseau, *L'hypnose, une réinitialisation de nos cinq sens*, InterÉditions, 2012.

Milton Erickson, *Ma voix t'accompagnera, Milton H. Erickson raconte*, Hommes et groupe, 1998.

Marie-Elisabeth Faymonville, Steven Laureys, et al, *Neural mechanisms of antinociceptive effects of hypnosis*, Anesthesiology, mai 2000, vol. 92, p. 1257-1267.

O. Lockert, *Hypnose, Évolution, qualité de vie, santé*, IFHE Editions, 2013.

Dominique Megglé, *Les thérapies brèves*, Presses de la Renaissance, 2002.

David Ogez, Fabienne Roelants, Christine Watremez, *L'hypnose médicale : un plus dans l'accompagnement du patient porteur d'un cancer*, Satas, 2016.

Pierre Rainville, Gary Duncan, Donald Price, *Pain affect encoded in human anterior cingulated but not somatosensory cortex*, Science, août 1997, n°277, p. 968-971.

François Roustang, *Qu'est-ce que l'hypnose*, Éditions de minuit, 2002.

Dépôt légal : Février 2017
Achevé d'imprimer en janvier 2017
Imprimé en Bulgarie par Flex